Inhalt

Medikamentenzulassung - Arzneimittelbehörden an der Macht

Kernthesen

Beitrag

Fallbeispiele

Zahlen und Fakten

Weiterführende Literatur

Impressum

Medikamentenzulassung - Arzneimittelbehörden an der Macht

A.Schneider

Kernthesen

- Bei den forschenden Pharmaherstellern laufen in den nächsten Jahren etliche Patente aus. Die Generikakonkurrenz wird ihre günstigeren Produkte auf den Markt bringen und der Umsatzkuchen neu verteilt.
- Bahnbrechende neue Medikamente werden derzeit nur selten auf den Markt gebracht. Die Forschung und Entwicklung ist nicht so erfolgreich wie oft erhofft. Zudem sind die Arzneimittelbehörden in der Zulassung deutlich strenger geworden.
- Die deutschen Top 3-Pharmaunternehmen Bayer, Boehringer und Merck sind zwar

weniger von Patentabläufen bedroht, doch auch sie müssen bei ihren Anstrengungen, neue Medikamente auf den Markt zu bringen, Rückschläge einstecken.

Beitrag

Arzneimittelbehörden stellen Patientensicherheit an oberste Stelle

Arzneimittelbehörden sind staatliche Institutionen, deren Aufgabe in der Anwendung und Umsetzung des Arzneimittelrechts zum Schutze der öffentlichen Gesundheit liegt. Sie entscheiden darüber, ob ein Arzneimittel auf dem Markt angeboten werden darf, sie überwachen die Arzneimittelherstellung, sie genehmigen und überwachen die klinischen Studien und sind teilweise sogar verantwortlich, beispielsweise bei Impfstoffen einzelne Chargen freizugeben. Die bekannteste Arzneimittelbehörde ist die amerikanische Food and Drug Administration (FDA). In der EU ist die Europäische Kommission Arzneimittelbehörde im hoheitlichen Sinn. Sie erteilt die Arzneimittelzulassung im zentralisierten Verfahren. Die mit Mitarbeitern nationaler Behörden besetzten Ausschüsse der Europäischen Arzneimittelagentur erstellen Gutachten, die die EU-Kommission bei ihrer Entscheidung heranzieht. Viele andere Aufgaben liegen ausschließlich bei den Mitgliedsstaaten.

Durch die föderale Struktur sind in Deutschland eine Reihe von Behörden zuständig für die Arzneimittelüberwachung. Ursprünglich waren ausschließlich Behörden der Länder zuständig für die Anmeldung und Überwachung von Arzneimitteln. Diese in der ZLG zusammenarbeitenden Behörden überwachen heute vor Ort die Arzneimittelherstellung sowie laufende klinische Studien. Zentrale Aufgaben werden nach dem deutschen Arzneimittelgesetz von verschiedenen Bundesoberbehörden übernommen: So ist das BfArM in Bonn zuständig für die Zulassung und Überwachung von niedermolekularen Arzneimitteln und Medizinprodukten; das Paul-Ehrlich Institut (PEI) in Langen ist zuständig für Sera, biotechnologisch hergestellte Arzneimittel und Impfstoffe; das Bundesamt für Verbraucherschutz und Lebensmittelsicherheit (BVL) in Berlin ist zuständig für die Zulassung und Überwachung von Tierarzneimittel.

Urteile werden strenger

Mitte der neunziger Jahre hat die amerikanische FDA noch mehr als 50 neue Medikamente pro Jahr zugelassen, 2009 waren es insgesamt 26, 2008 waren es 25. Die Arzneimittelbehörden sind also strenger geworden. Und das ist gut so, denn die Sicherheit der Patienten muss absolut im Vordergrund stehen. Die wirtschaftlichen Interessen der Pharmaindustrie dürfen nicht die Oberhand gewinnen. Dabei suchen viele forschende Arzneimittelhersteller händeringend nach neuen Medikamenten, die einen möglichst hohen Umsatz bringen. Denn bei einer ganzen Reihe von Herstellern läuft in den kommenden Jahren der Patentschutz für ihre umsatzstarken Medikamente aus. Durch die bereits lauernde Generikakonkurrenz bricht in den allermeisten Fällen dann der Umsatz ein. Experten schätzen, dass bis 2015 Arzneimittel mit einem Jahresumsatz von 150 Milliarden Dollar durch Generikakonkurrenz bedroht werden - bei einem Jahresweltumsatz der Branche von zuletzt rund 800 Milliarden Dollar keine vernachlässigbare Größe. Die Erforschung und Erprobung neuer bzw. verbesserter Medikamente verschlingt viel Zeit und Geld. Die großen Pharmakonzerne investieren jährlich mehr als 100 Milliarden Dollar in die Medikamentenentwicklung. Doch wenn dann im Laufe der klinischen Studien, während des Zulassungsprozesses oder vereinzelt sogar nach der Markteinführung das Aus für ein Medikament kommt, kann der wirtschaftliche Schaden für einen

Hersteller beachtlich sein.

Fallbeispiele

Merck KGaA: Medikamente gegen Lungenkrebs und Multiple Sklerose ohne Zulassung in Europa

Der Darmstädter Pharma- und Chemiekonzern Merck KGaA, Deutschlands Nr. 3 im Pharmageschäft, musste in letzter Zeit gleich mehrere Rückschläge einstecken. Erstens: Die erhoffte Zulassung des Medikaments Erbitux gegen Lungenkrebs wurde von der europäischen Gesundheitsbehörde 2009 verweigert. Erbitux hat zwar bisher bereits eine Zulassung gegen Darm-, Hals- und Kopfkrebs in Europa, doch der zusätzliche Einsatz gegen den sehr häufig auftretenden Lungenkrebs wäre ein lukratives Geschäft für den Pharmakonzern gewesen.
Zweitens: Kürzlich musste Merck KGaA bekannt geben, dass das Committee for Medicinal Products for Human Use (CHMP) der europäischen Arzneimittelbehörde EMA (European Medicines Agency) eine negative Stellungnahme zum Antrag

auf Marktzulassung für Cladribin-Tabletten als Therapie der schubförmigen Multiplen Sklerose (MS) abgegeben hat. Das trifft Merck hart, denn eigentlich war erwartet worden, dass dieses Medikament sich zum Blockbuster entwickeln würde. Experten schätzten das Umsatzpotenzial für Cladribin zum Teil auf mehr als 1,5 Milliarden Euro.
Noch bleibt Merck die Hoffnung, dass die amerikanische Arzneimittelbehörde ein anderes Urteil fällt und so zumindest der amerikanische Absatzmarkt bliebe. Die amerikanische Zulassungsbehörde hat den Zulassungsantrag zumindest im zweiten Anlauf akzeptiert und wird wohl bis zum Jahresende eine Entscheidung treffen. Fachleute schätzen die Chancen für Merck aber eher niedrig ein. Bereits zugelassen ist Cladribin in Russland und in Australien unter dem Markennamen Movectro®. Wie auch immer das Urteil der FDA ausfallen wird, der lachende Dritte ist ohnehin ein anderer, nämlich die Schweizer Wettbewerbsfirma Novartis, die vor kurzem für ein ähnliches neuartiges Medikament die amerikanische Zulassung in die Tasche stecken durfte. Ein großes Stück vom Kuchen wäre also für Merck ohnehin schon weg. (1)
Jetzt kommt Mercks Pharmageschäft allmählich in Bedrängnis. Immerhin trägt sein Pharmageschäft rund 70 Prozent zum Konzernumsatz bei. Doch weitere Medikamente aus den Forschungsabteilungen von Merck mit berechtigt

großen Umsatzhoffnungen sind erst in einigen Jahren in Sicht.

Boehringer Ingelheim: Viagra für Frauen begraben, Schlaganfallmittel Dabigatran bleibt im Rennen

Gemischte Gefühle hat auch Deutschlands zweitgrößter Pharmakonzern Boehringer Ingelheim. Einerseits: Gescheitert ist er mit der Entwicklung des Medikaments Flibanserin, sozusagen das Viagra-Pendant für Frauen. Die amerikanische Gesundheitsbehörde FDA beurteilte die Wirksamkeit von Flibanserin als relativ gering und forderte neue Studien über die längerfristigen Nebenwirkungen. Dies ist Boehringer zu teuer. Daher ließ der Konzern wissen, dass die Entwicklung von Flibanserin eingestellt werde. (2)
Andererseits: Anlass zur Freude hat Boehringer dagegen angesichts der guten FDA-Zulassungsaussichten des Wirkstoffs Dabigatran als Mittel zur Vorbeugung von Schlaganfällen.
Sechs Millionen Menschen in Europa und in den USA leiden nach Industrieschätzungen unter einer Form von Herzrhythmusstörung, die Vorhofflimmern genannt wird. Dies birgt das Risiko, dass sich

Blutgerinnsel bilden und es zu einem Schlaganfall kommt. Zwar gibt es bereits Medikamente, die zum Einsatz kommen, so beispielsweise der Blutverdünner Marcumar, doch zufrieden sind die Ärzte damit nicht. Ein gutes, neues Medikament träfe also auf offene Arme. Analysten schätzen das Marktpotenzial für neue Blutverdünner auf Werte zwischen 10 und 20 Milliarden Dollar. (3)

Bayer Schering Pharma: FDA lässt neue Pille zu

Bei Bayer Schering Pharma AG, Berlin, Deutschlands Marktführer unter den Pharmazeuten, herrscht ebenfalls Freude. Der Konzern hat Ende September von der amerikanischen Gesundheitsbehörde FDA die Zulassung für die neue Verhütungspille Beyaz erhalten hat, in der die empfängnisverhütenden Hormone mit Folat, einem Nährstoff der Gruppe der B-Vitamine, kombiniert werden.

Novartis: Freude über Zulassung von MS-Medikament in den USA

Novartis hat den ersten Platz in der Anzahl der in den USA neu zugelassenen Medikamente mit 18

Neuzulassungen innerhalb von zehn Jahren inne. Und dabei liegt Novartis bei den Forschungs- und Entwicklungsausgaben keineswegs ebenfalls auf Platz eins. Hier wird die internationale Liste von Pfizer, dem amerikanischen Weltmarktführer, mit über 68 Milliarden US-Dollar angeführt. [Abb. 1] Die Forschung des Schweizer Pharmakonzern triumphiert, wie bereits beschrieben, durch die Zulassung von Gilenya zur Behandlung von Multipler Sklerose (MS) in den USA - und Merck hat mit Cladribin das Nachsehen. Die Besonderheit beider Präparate liegt darin, dass der Patient die Medizin als Tablette schlucken kann und sie nicht wie bislang üblich intravenös verabreicht wird. Weltweit leiden nach Angaben von Novartis 2,1 Millionen Menschen an der Erkrankung, allein in den Vereinigten Staaten seien es 400 000.

Doch ungeschoren bleibt auch Novartis von den Urteilen der Arzneimittelbehörden nicht. Ein Hepatitis-Medikament wird nicht weiterentwickelt, weil sich die europäischen und amerikanischen Gesundheitsbehörden negativ geäußert haben - mal abgesehen davon, dass das Projekt für Novartis strategisch unbedeutend war und zudem die klinischen Studien ungünstige Ergebnisse lieferten. (4)

Bei einer Warnung beließ es die US-Arzneimittelbehörde bisher bei Stalevo, einem Parkinson-Medikament von Novartis. Nach FDA-

Angaben ergab die Analyse verschiedener klinischer Studien Hinweise darauf, dass durch die Einnahme des Mittels das Risiko für einen Herzinfarkt, einen Schlaganfall oder ein Herz-Kreislauf-Versagen steigt. Die Behörde riet allerdings davon ab, Stalevo ohne Rücksprache mit einem Arzt abzusetzen. Das Medikament habe sich als wirksame Parkinson-Behandlung erwiesen und Ärzte sollten Patienten, die es einnehmen, regelmäßig auf Herz-Kreislauf-Probleme untersuchen. Stalevo ist seit 2003 auf dem Markt und wurde seit damals schätzungsweise 154 000 Patienten verschrieben. Novartis hatte damit im Vorjahr einen Umsatz von 554 Millionen US-Dollar erzielt, womit das Mittel die Nummer 13 unter den erlösstärksten Produkten des Arzneimittelherstellers ist.

Glaxo Smith Kline: Aus für Diabetes-Medikament Avandia

Europas Marktführer, der britische Pharmakonzern Glaxo Smith Kline, hingegen musste im September einen Rückschlag einstecken. EMA und FDA waren sich zwar nicht ganz einig, aber das Diabetes 2-Medikament Avandia muss in Europa komplett vom Markt genommen werden und darf in den USA nur noch unter strengen Auflagen vermarktet werden. Das deutsche Bundesinstitut für Arzneimittel und

Medizinprodukte (BfArM) hat angeordnet, dass Avandia hierzulande ab November nicht mehr vertrieben werden darf. Der Widerruf erfolgte weil neue Studien den Verdacht bestätigten, dass das Medikament mit dem Wirkstoff Rosiglitazone das Herzinfarktrisiko für Diabetespatienten erhöht. Das Aus kam allerdings nicht überraschend, Zweifel an Avandia waren schon vor drei Jahren laut geworden. Dies spiegelte sich im Umsatz wieder: Im vergangenen Jahr verbuchte Glaxo mit dem Präparat noch rund 1,2 Milliarden Dollar Umsatz, vor drei Jahren waren es mehr als drei Milliarden Dollar gewesen. (5)

Roche: Brustkrebsmittel-Eilantrag abgewiesen

Ende August wies die US-Arzneimittelbehörde FDA einen Antrag des Baseler Roche-Konzerns auf beschleunigte Zulassung für das Brustkrebsmittel T-DM1 zurück, das Roche zusammen mit der Biotechfirma Immunogen entwickelt. Roche muss weitere Studien abwarten und wird frühestens 2012 mit dem Produkt erneut bei der FDA antreten können. Auch für das Krebsmittel Avastin wird es eng. Es zeigte sehr schwache Ergebnisse bei der Behandlung von Brustkrebs-Patientinnen. Berater der FDA votierten daher dafür, dem Mittel die bereits erteilte Zulassung für Brustkrebs wieder zu entziehen. Das könnte laut Analysten bis zu einer Milliarde Dollar Jahresumsatz kosten. (6)

Octapharma: Europaweite Octagam Rückrufaktion

Auch Octagam® hat es nun erwischt. Zuerst ordnete das Paul-Ehrlich-Institut am 15.September das Ruhen der deutschen Zulassung von Octagam® 5% befristet bis zum 31.3.2011 an. Dann empfahl die Europäische Arzneimittelbehörde das Ruhen der europäischen Zulassung und den europaweiten Rückruf aller Octagam-Präparate. Hintergrund der Anordnung sind vermehrte Berichte über thromboembolische Ereignisse einschließlich Schlaganfall, Myokardinfarkt und Lungenembolie bei Patienten nach Gabe von Octagam. Hersteller ist Octapharma aus Langenfeld. (7)

Zahlen & Fakten

Abbildung 1: Neue Wirkstoffe von Big Pharma

Pharmabranche: US-Neuzulassungen, 2000 bis 2010 und F+E-Aufwand, 2000 bis 2009

Pharmakonzern	Land	US-Neuzulassungen* 2000 bis 10	F+E-Aufwand 2000 bis 09** in Mrd. US$
Novartis	CH	18	49,2
Glaxo Smith Kline	GB	15	53,8
Johnson & Johnson	USA	10	56,2
Merck & Co	USA	9	38,8
Roche	CH	9	49,2
Sanofi-Aventis	F	8	37,4
Pfizer	USA	7	68,2
Amgen	USA	7	21,3
Bristol-Myers Squibb	USA	6	27,4
Eli Lilly	USA	6	29,3
Bayer Healthcare	D	5	16,8
Astra-Zeneca	GB	3	37,3
Boehringer	D	3	18,1

* Erstzulassungen neuer Pharmawirkstoffe durch die FDA ohne Indikationserweiterungen

** Forschungs- und

Entwicklungsausgaben (F+E)
laut G+V,
teilweise inklusive
pharmafremder Forschung

GBI-Genios Grafik

Quelle: FDA/Geschäftsberichte/HB-Berechnungen
Entnommen aus: Handelsblatt Nr. 166 vom 30.08.2010

Weiterführende Literatur

(1) <Clarity Aktiengesellschaft> 6290171057
aus <Krankheit> MEZ-06

(2) Boehringer gibt Lustpille für Frauen auf
aus Frankfurter Allgemeine Zeitung, 09.10.2010, Nr. 235, S. 15

(3) Boehringer nimmt Hürde für Anti-Schlaganfall-Mittel
aus Handelsblatt Nr. 183 vom 22.09.2010 Seite 28

(4) Novartis gelingt Durchbruch in Amerika bei multipler Sklerose
aus Frankfurter Allgemeine Zeitung, 23.09.2010, Nr. 221, S. 19

(5) Rückschlag für GlaxoSmithKline: Diabetesmittel Avandia soll vom Markt
aus <Medizin> MEZ

(6) Eine Serie von Flops trübt die Forschungsbilanz der Pharma-Konzerne
aus Handelsblatt Nr. 166 vom 30.08.2010 Seite 28

(7) Kurz informiert
aus Deutsches Ärzteblatt 40/107 vom 08.10.10 Seite 1939

Impressum

Medikamentenzulassung - Arzneimittelbehörden an der Macht

Bibliografische Information der deutschen Nationalbibliothek

Die Deutsche Nationalbibliothek verzeichnet diese Publikation in der deutschen Nationalbibliografie; detaillierte bibliografische Daten sind im Internet über http://dnb.d-nb.de abrufbar.

ISBN: 978-3-7379-2259-3

© 2015 GBI-Genios Deutsche Wirtschaftsdatenbank GmbH, Freischützstraße 96, 81927 München, www.genios.de

Alle Rechte vorbehalten. Dieses Werk ist einschließlich aller seiner Teile – z.B. Texte, Tabellen und Grafiken - urheberrechtlich geschützt. Jede Verwertung außerhalb der Grenzen des Urheberrechtsgesetzes bedarf der vorherigen Zustimmung des Verlags. Dies gilt insbesondere auch für auszugsweise Nachdrucke, fotomechanische

Vervielfältigungen (Fotokopie/Mikroskopie), Übersetzungen, Auswertungen durch Datenbanken oder ähnliche Einrichtungen und die Einspeicherung und Verarbeitung in elektronischen Systemen.